Ich kann zeichnen!

SCHRITT FÜR SCHRITT

GESTALTUNG UND ILLUSTRATIONEN:
Candice Whatmore

TEXT:
Fiona Watt

So zeichnest du einen Hund

(1) Zeichne einen Kopf ...

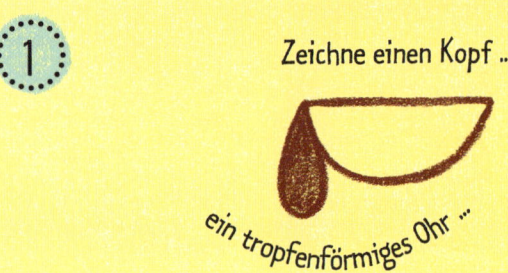

ein tropfenförmiges Ohr ...

(2) einen Körper ...

(3) einen Schwanz ...

vier Beine ...

(4)

und ein Auge, einen Mund und eine Nase.

Du könntest ein geflecktes Fell malen.

Jetzt bist du dran ...

So geht es auch ... Zeichne den Hundekopf wie zuvor, aber wandle die Körperform leicht ab.

ein haariger Körper   ein langer Körper   ein quadratischer Körper   lange Beine

So zeichnest du ein Auto

Jetzt bist du dran ...

1

Zeichne ein schmales Rechteck ...

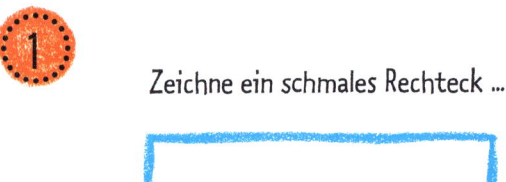

2

ein gebogenes Dach ...

3

drei Fenster ...

4

zwei Reifen ...

5

ein Rücklicht ...

einen Scheinwerfer ...

und Radläufe.

Du kannst dem Dach auch
eine ganz andere Form geben.

So zeichnest du einen Hasen

1 Zeichne einen Kopf ...

2 zwei lange Ohren ...

3 einen Körper ...

Jetzt bist du dran ...

4 ein Bein ... und einen Fuß ...

5 zwei Vorderpfoten ...

6 ein Gesicht, Schnurrhaare ... und einen Schwanz.

So geht es auch ...

Zeichne den gleichen Hasenkopf wie zuvor, und dann ...

einen Körper ...

einen Hinterlauf und einen Schwanz ... und zwei Vorderpfoten.

7

So zeichnest du eine Katze

1 Zeichne einen Kopf ...

2 einen Körper ...

3 zwei Ohren ... einen eingerollten Schwanz ...

4 ein Gesicht und Schnurrhaare ... zwei Vorderbeine ... und ein Hinterbein.

Jetzt bist du dran ...

So zeichnest du Bäume

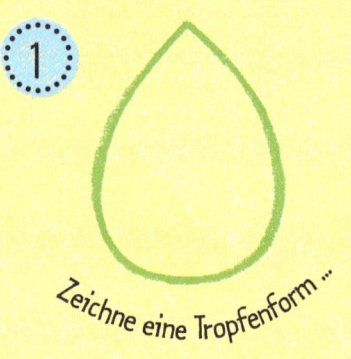 **1**

Zeichne eine Tropfenform ...

 **2**

und einen Stamm und Äste.

 **1**

Oder einen Kreis ...

 **2**

und einen Stamm und Äste.

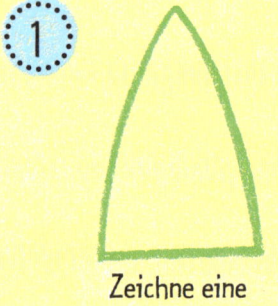 **1**

Zeichne eine Form wie diese ...

 **2**

und einen Stamm und Äste.

 **1**

Oder eine Wolkenform ...

 **2**

und einen Stamm und Äste.

Jetzt bist du dran ...

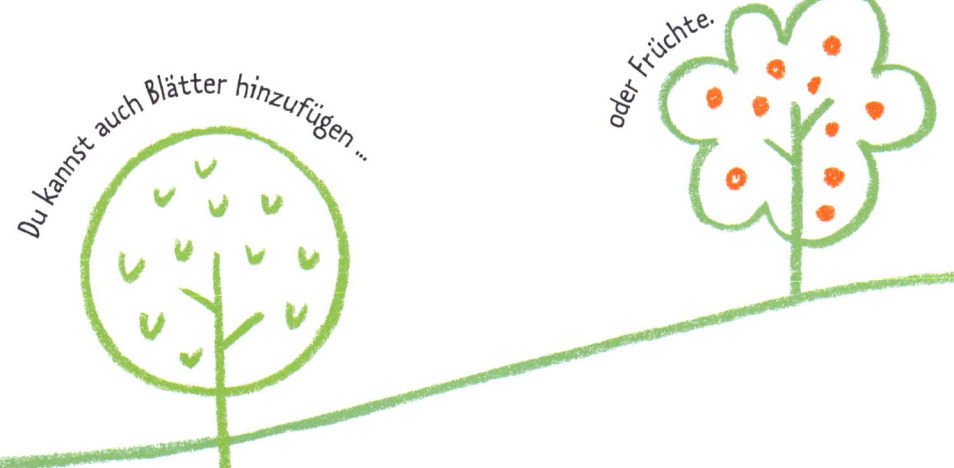

Du kannst auch Blätter hinzufügen ...

oder Früchte.

So zeichnest du eine Blume ...

1 Zeichne einen Kreis ...

2 drumherum viele Blütenblätter ...

3 viele Punkte ... einen Stiel ...

4 und zwei Blätter.

Jetzt bist du dran ...

und so eine Tulpe

1 Zeichne eine U-Form ...

2 eine Zickzacklinie ...

3 einen Stiel ...

4 und zwei Blätter.

Bei diesen Stielen fehlen noch die Blüten.
Male die Blumen fertig!

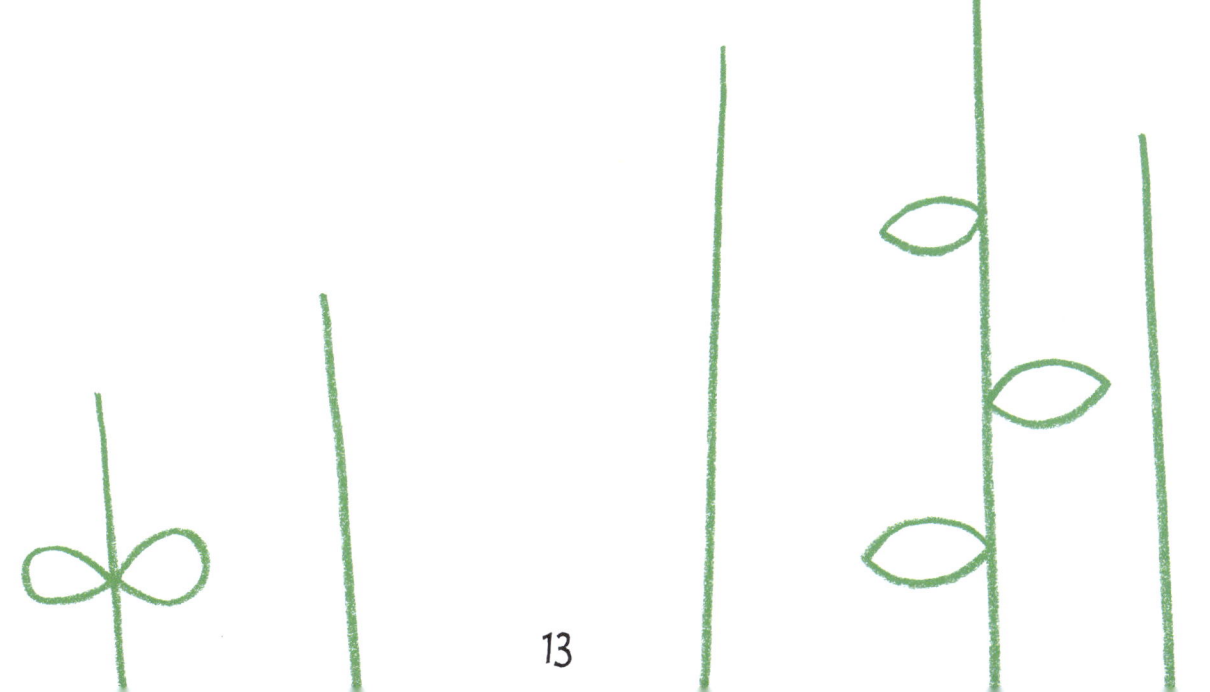

So zeichnest du eine Maus

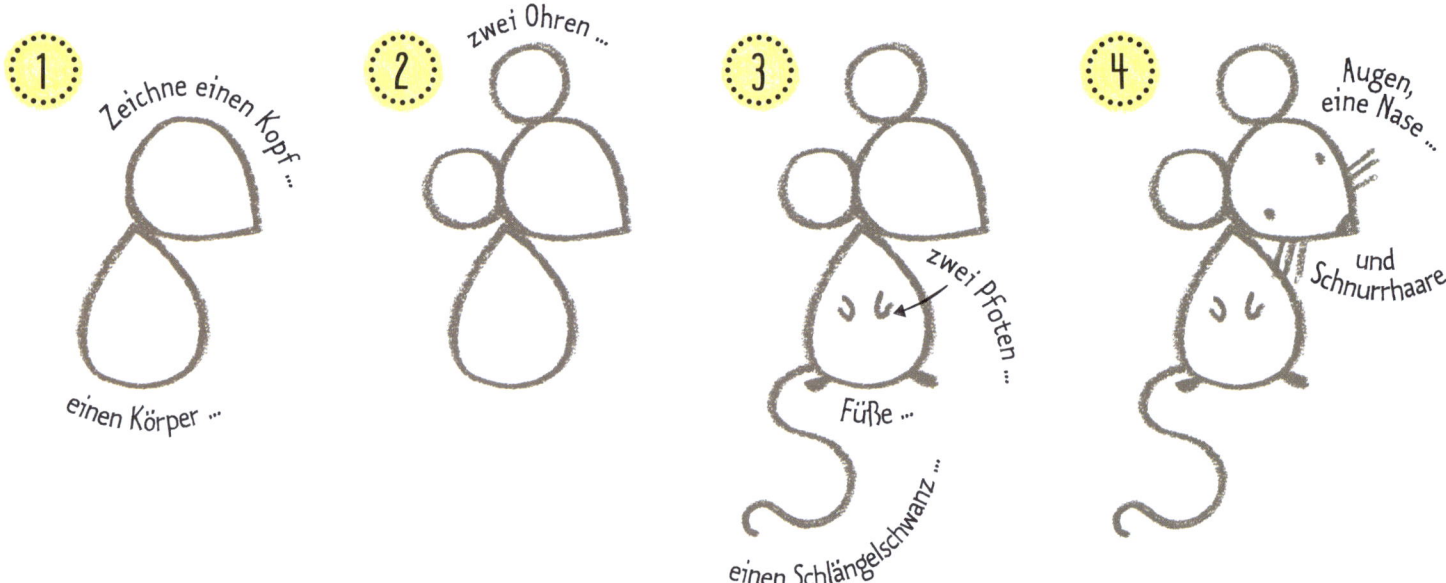

1 Zeichne einen Kopf ... einen Körper ...

2 zwei Ohren ...

3 zwei Pfoten ... Füße ... einen Schlängelschwanz ...

4 Augen, eine Nase ... und Schnurrhaare.

Jetzt bist du dran ...

So zeichnest du einen Fisch

Jetzt bist du dran ...

1

Zeichne einen blattförmigen Körper ...

2

zwei Flossen ...

3

eine Linie ...

eine Schwanzflosse ...

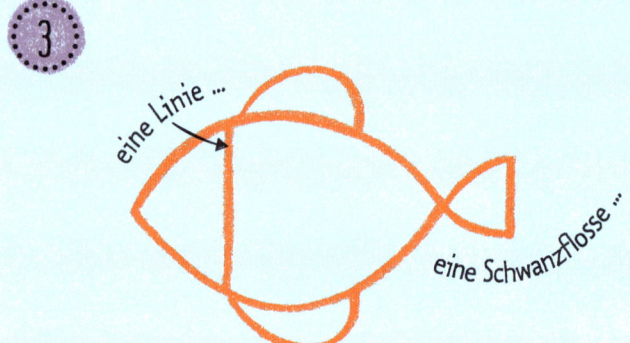

4

ein Auge und einen Mund.

Wenn du möchtest, kannst du den Körper mit Flecken verzieren.

So geht es auch ... Male die unterschiedlichsten Fische mit Streifen, Zickzacklinien, Flecken oder Punkten. Du kannst auch die Ideen unten ausprobieren ...

Flossen in anderen Formen

einen kleineren Körper

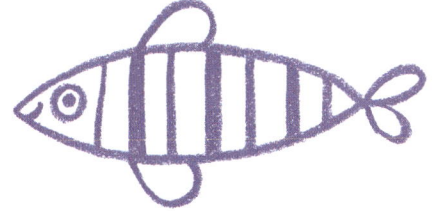

oder einen längeren Körper

So zeichnest du eine Stadt

Jetzt bist du dran ...

1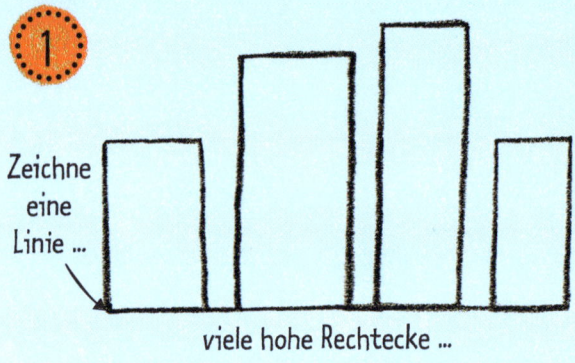

Zeichne eine Linie ...

viele hohe Rechtecke ...

2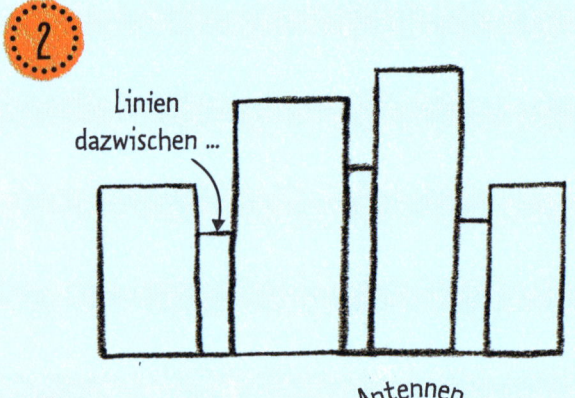

Linien dazwischen ...

3

ergänze Türme ...

Dächer ...

Antennen ...

Kuppeln ...

4

und viele Fenster.

So zeichnest du ein Haus

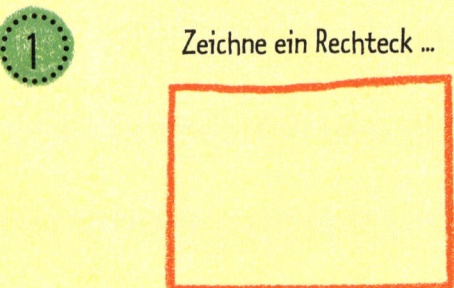

1 Zeichne ein Rechteck ...

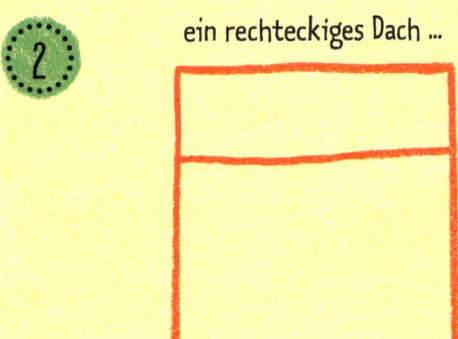

2 ein rechteckiges Dach ...

3 ein Dreieck ...

Fenster und eine Tür mit Knauf ...

4 Dachziegeln ...

und Fenster- kreuze.

Jetzt bist du dran ...

So geht es auch ... Deine Häuser sehen gleich ganz anders aus, wenn du einige kleine Dinge veränderst. Wie wäre es mit ...

einem
dreieckigen
Dach

einer anderen Dachform   einem niedrigeren Haus   einem schmäleren Haus   einem höheren Haus

So zeichnest du ein Pferd

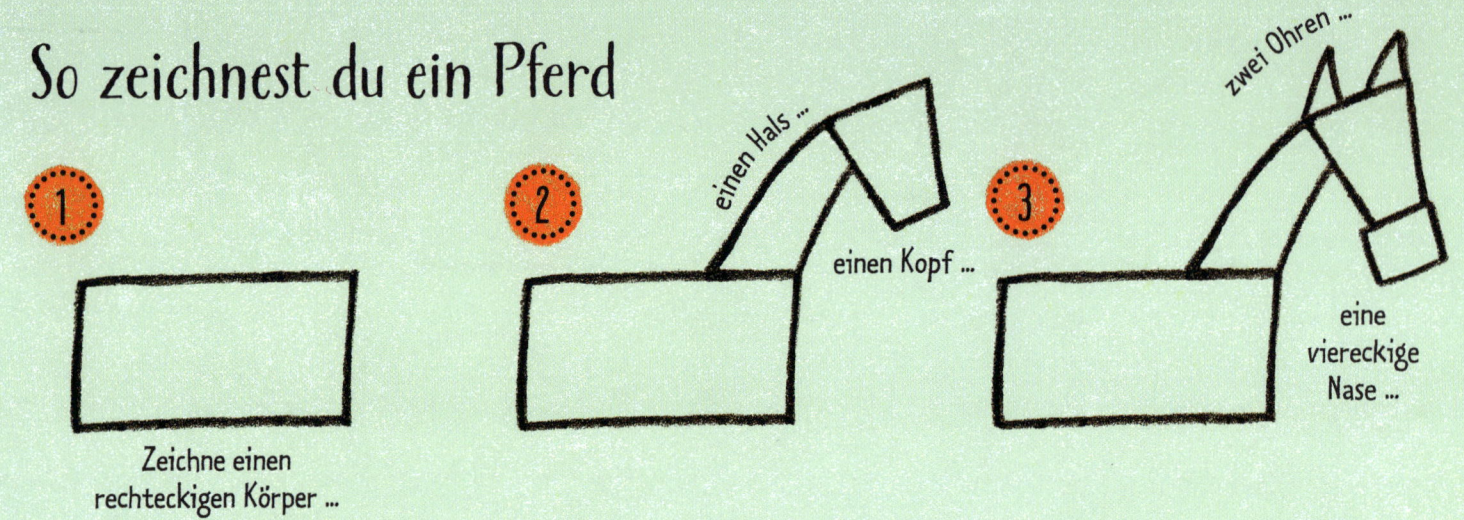

1 Zeichne einen rechteckigen Körper ...

2 einen Hals ... einen Kopf ...

3 zwei Ohren ... eine viereckige Nase ...

Jetzt bist du dran ...

4 vier Beine ...

5 einen Schweif ...

eine fransige Mähne ...

Augen ...

und zwei Nüstern.

Für Grasbüschel könntest du pfeilartige Formen malen.

So zeichnest du einen Vogel

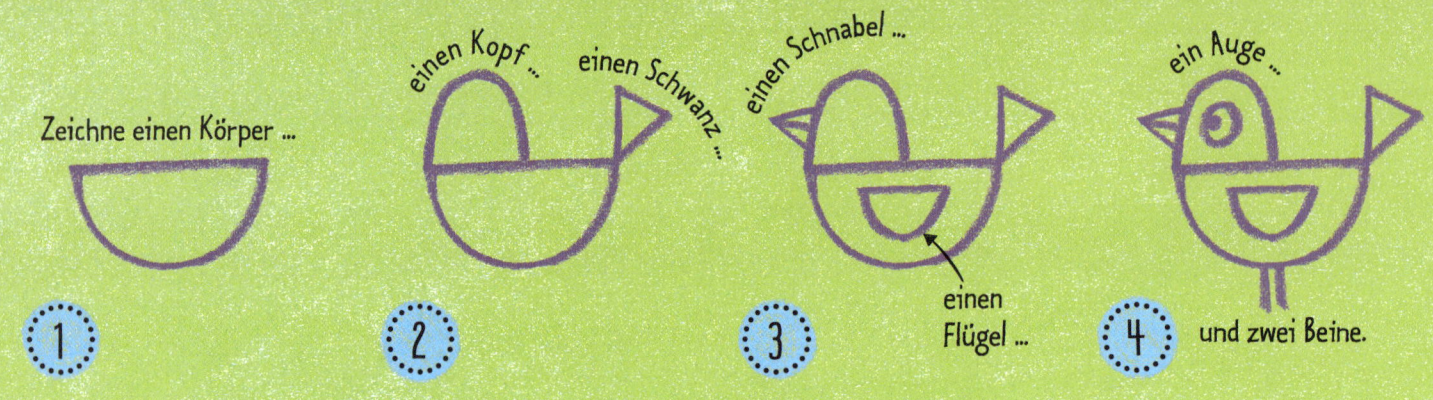

Zeichne einen Körper ...

einen Kopf ...

einen Schwanz ...

einen Schnabel ...

einen Flügel ...

ein Auge ...

und zwei Beine.

① ② ③ ④

Jetzt bist du dran ...

Du kannst den Schwänzen,
Schnäbeln, Augen und Flügeln
auch andere Formen geben.

So zeichnest du eine Eule

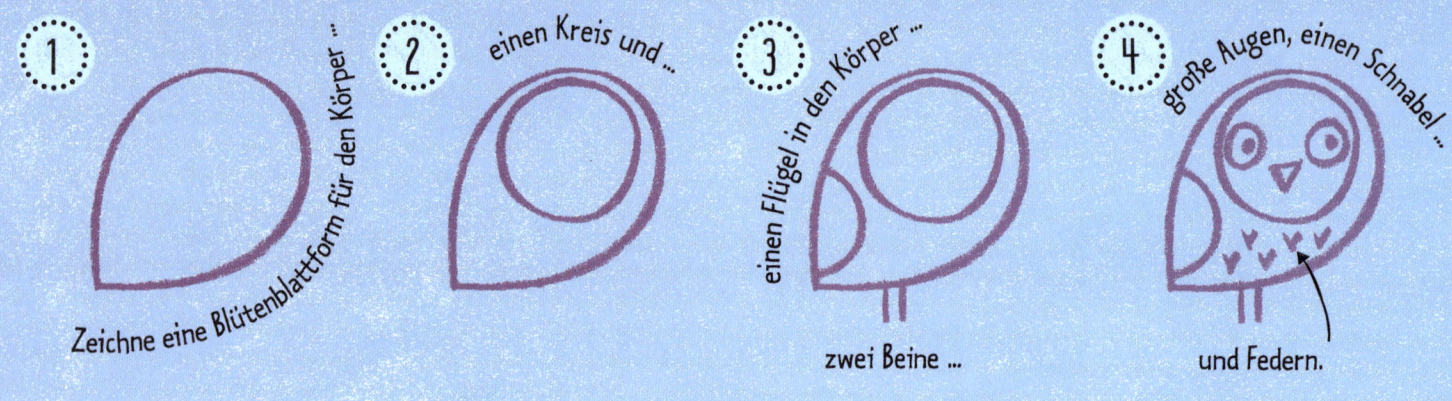

① Zeichne eine Blütenblattform für den Körper ...

② einen Kreis und ...

③ einen Flügel in den Körper ...

zwei Beine ...

④ große Augen, einen Schnabel ...

und Federn.

Jetzt bist du dran ...

So zeichnest du einen Ritter

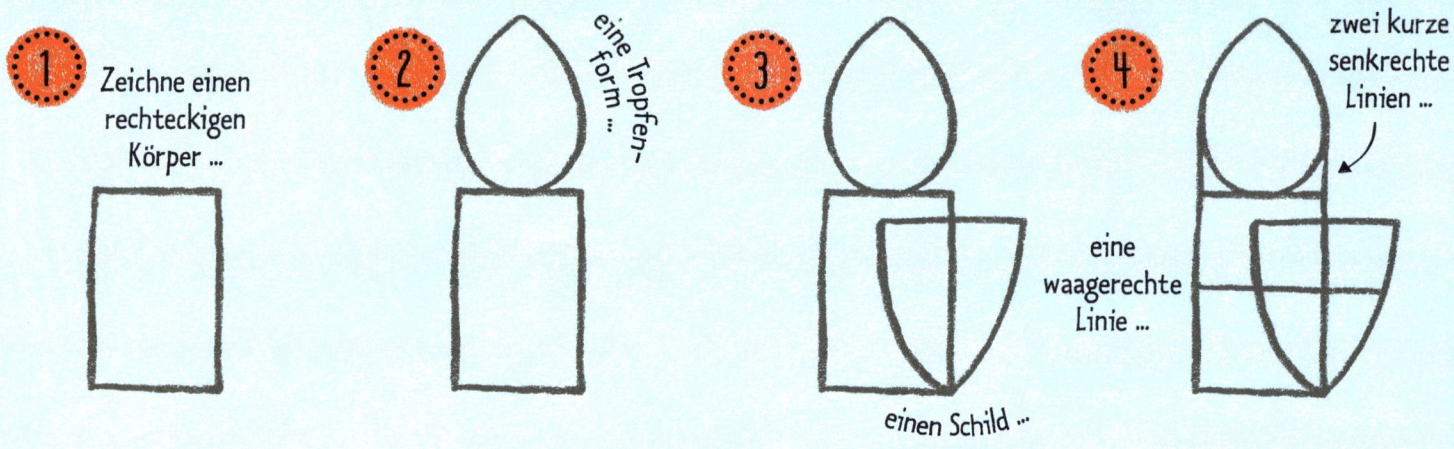

1 Zeichne einen rechteckigen Körper ...

2 eine Tropfenform ...

3 einen Schild ...

4 eine waagerechte Linie ...

zwei kurze senkrechte Linien ...

Jetzt bist du dran ...

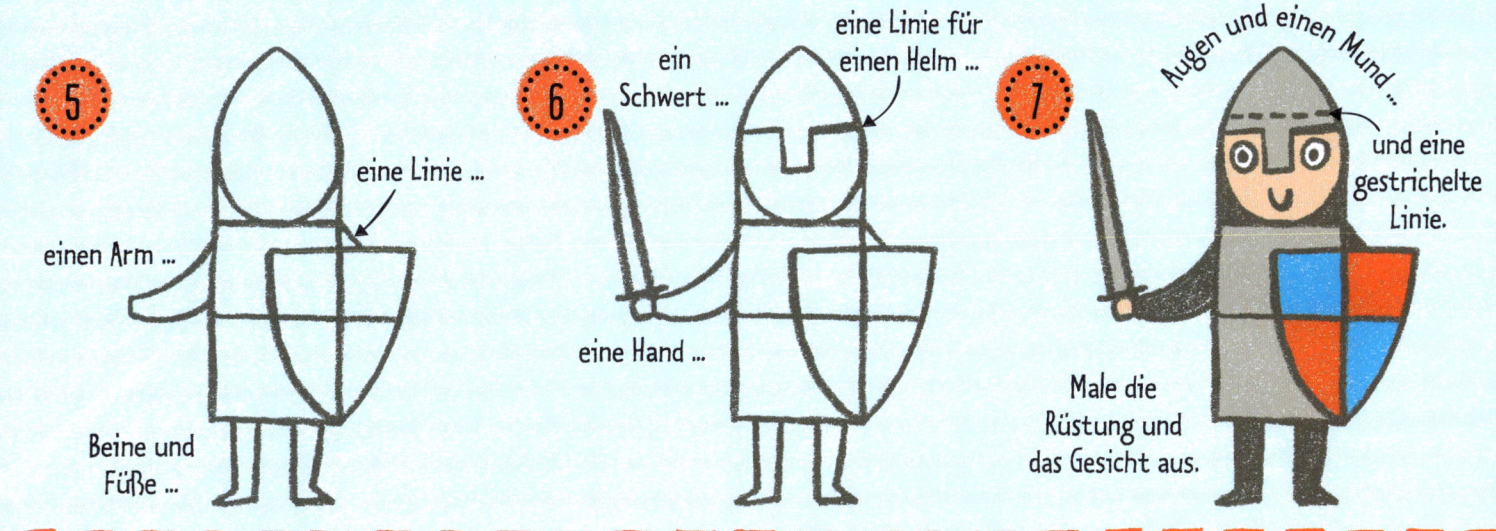

5 einen Arm ...

eine Linie ...

Beine und Füße ...

6 ein Schwert ...

eine Linie für einen Helm ...

eine Hand ...

7 Augen und einen Mund ...

und eine gestrichelte Linie.

Male die Rüstung und das Gesicht aus.

So geht es auch ...

Mit diesen Ideen kannst du deinen Ritter ein bisschen anders gestalten.

Zeichne Streifen, anstatt auszumalen.

Zeichne einen geschlossenen Helm.

Gib dem Schild eine andere Form.

29

So zeichnest du eine Burg

1 Zeichne ein großes Rechteck und zwei höhere Rechtecke links und rechts daneben ...

2 ein Quadrat ...
einen Torbogen ...

3 Dreiecke für die Turmdächer ...

Jetzt bist du dran ...

4 Zinnen auf die Mauern …

5 Kreuze für die Fenster … ein Flügeltor…

6 und Fahnen und Dachziegeln.

So zeichnest du eine Prinzessin

Jetzt bist du dran ...

1 Zeichne einen Kopf ...

2 den Oberkörper ...

3 zwei Linien für das Haar ...
einen Bogen ...
zwei Arme ...

4 einen weiten Rock ...

5 eine Krone ...
ihr Gesicht und Ohren ...
langes Haar ...

6 Hände ...
und Muster auf dem Kleid.

So zeichnest du einen Drachen

Zeichne einen Körper ...

einen Hals ... einen Kopf ...

einen Schwanz ... vier Beine ...

Jetzt bist du dran ...

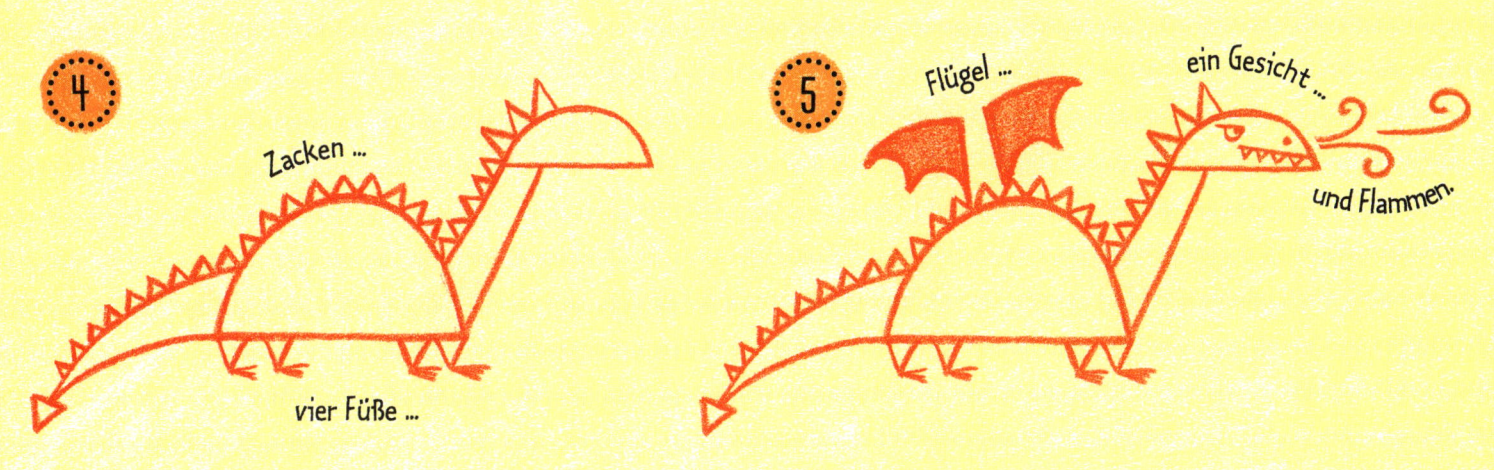

4 Zacken ...

vier Füße ...

5 Flügel ...

ein Gesicht ...

und Flammen.

So zeichnest du eine Fledermaus

1

Zeichne eine Blütenblattform für den Körper ...

2

zwei Bögen für ...

die Flügel ...

3

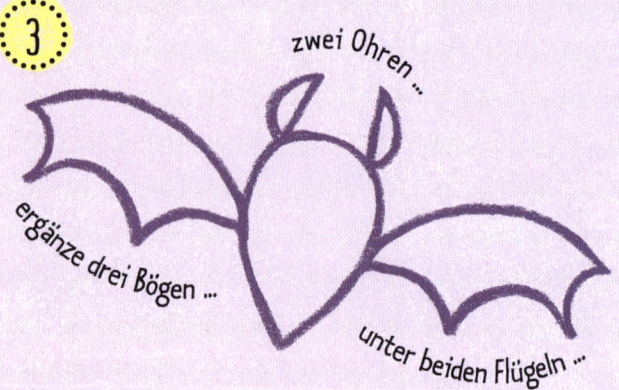

zwei Ohren ...

ergänze drei Bögen ...

unter beiden Flügeln ...

4

Augen, einen Mund und Zähne.

Und jetzt fehlt nur noch das Fell!

Jetzt bist du dran ...

Mit kleinen Sternen ...

wirkt dein Fledermausbild
besonders stimmungsvoll.

So zeichnest du Käfer

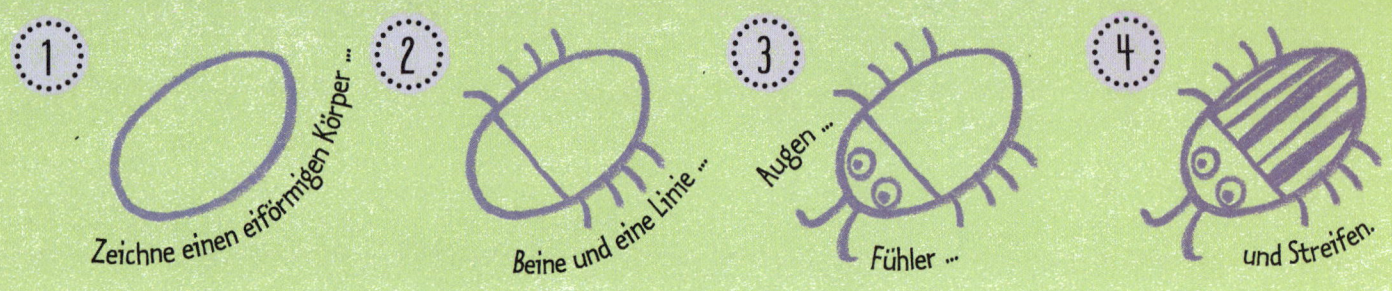

1 Zeichne einen eiförmigen Körper ...

2 Beine und eine Linie ...

3 Augen ... Fühler ...

4 und Streifen.

Jetzt bist du dran ...

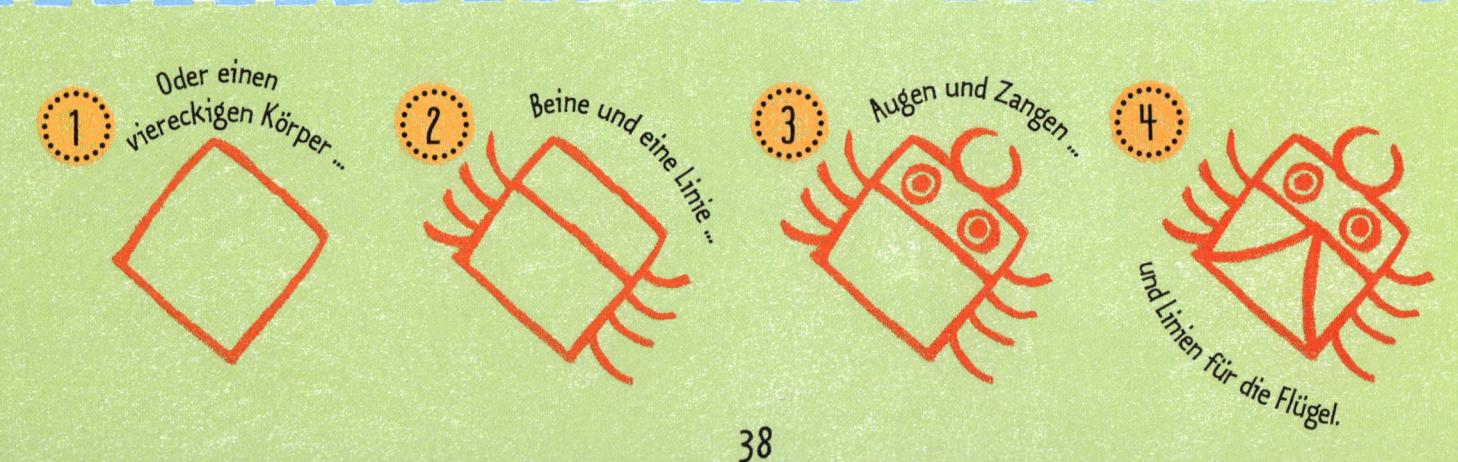

1 Oder einen viereckigen Körper ...

2 Beine und eine Linie ...

3 Augen und Zangen ...

4 und Linien für die Flügel.

1 Oder einen dreieckigen Körper ...

2 einen Kopf ...

3 Augen ... Fühler ... Beine ...

4 und viele Punkte.

1 Oder einen runden Körper ...

2 einen Kopf ...

3 Fühler ... Augen ... Beine ...

4 und Zickzacklinien.

So zeichnest du einen Roboter

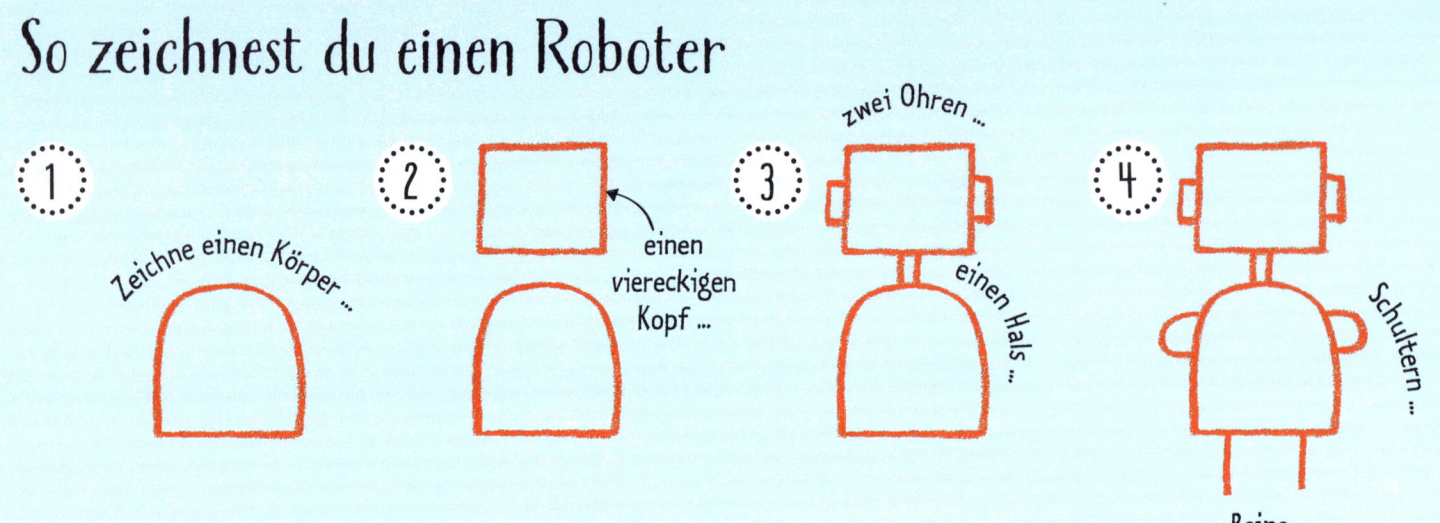

① Zeichne einen Körper ...

② einen viereckigen Kopf ...

③ zwei Ohren ... einen Hals ...

④ Schultern ... Beine ...

Jetzt bist du dran ...

5 ein Augenfeld ...

Arme und Greifhände ...

Füße ...

6 Augen und einen Mund ...

einen Bauch und Knöpfe ...

7 und eine Antenne.

Male das Augenfeld aus.

So geht es auch ...

Roboter können ganz verschiedene Körperformen haben. Manche haben auch Räder anstelle von Füßen. Hier findest du einige Anregungen. Du kannst die Ideen übernehmen oder deiner Fantasie freien Lauf lassen.

41

So zeichnest du einen zerstreuten Professor

① Zeichne einen Kopf ...

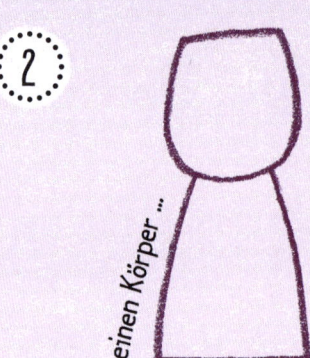

② einen Körper ...

③ abstehende, zerzauste Haare ...

Jetzt bist du dran ...

④ Arme und Beine ...

⑤ Hände und Füße ... einen Laborkittel ...

⑥ und ein lustiges Gesicht.

So zeichnest du ein Monster

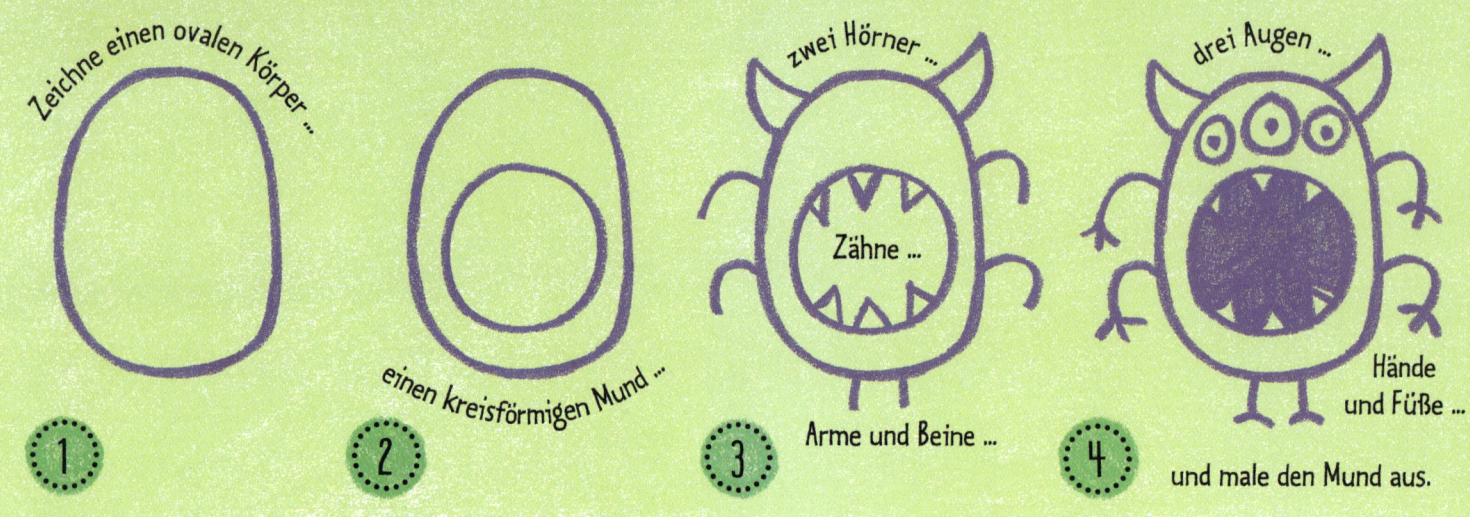

Zeichne einen ovalen Körper ...

1

einen kreisförmigen Mund ...

2

zwei Hörner ...

Zähne ...

Arme und Beine ...

3

drei Augen ...

Hände und Füße ...

und male den Mund aus.

4

Jetzt bist du dran ...

So zeichnest du einen Pinguin

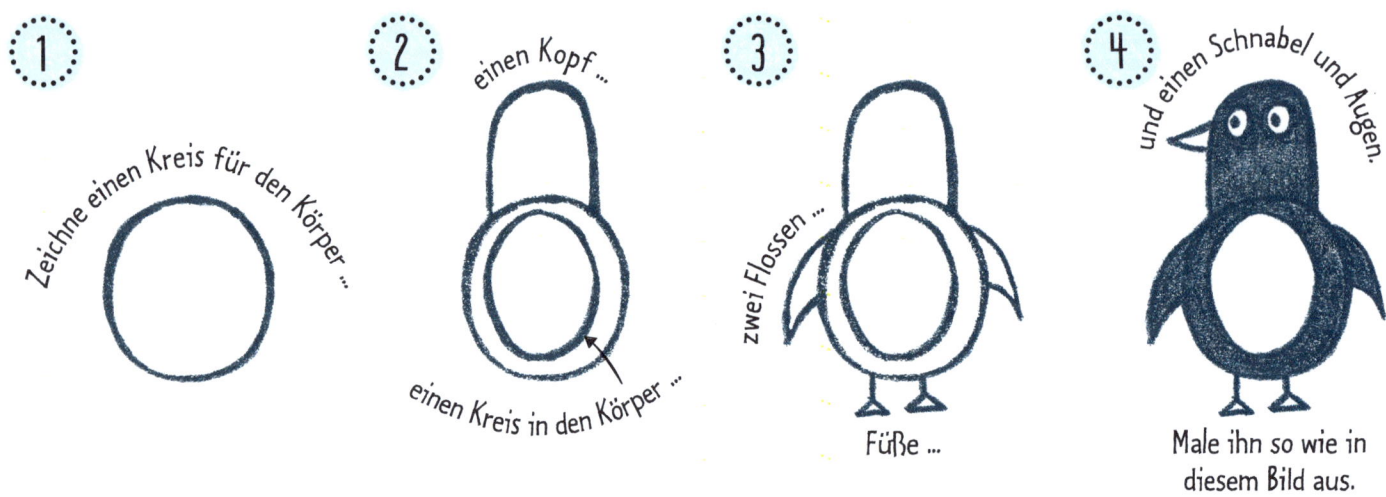

1 Zeichne einen Kreis für den Körper ...

2 einen Kopf ...

einen Kreis in den Körper ...

3 zwei Flossen ...

Füße ...

4 und einen Schnabel und Augen.

Male ihn so wie in diesem Bild aus.

Jetzt bist du dran ...

So zeichnest du eine Rennfahrerin

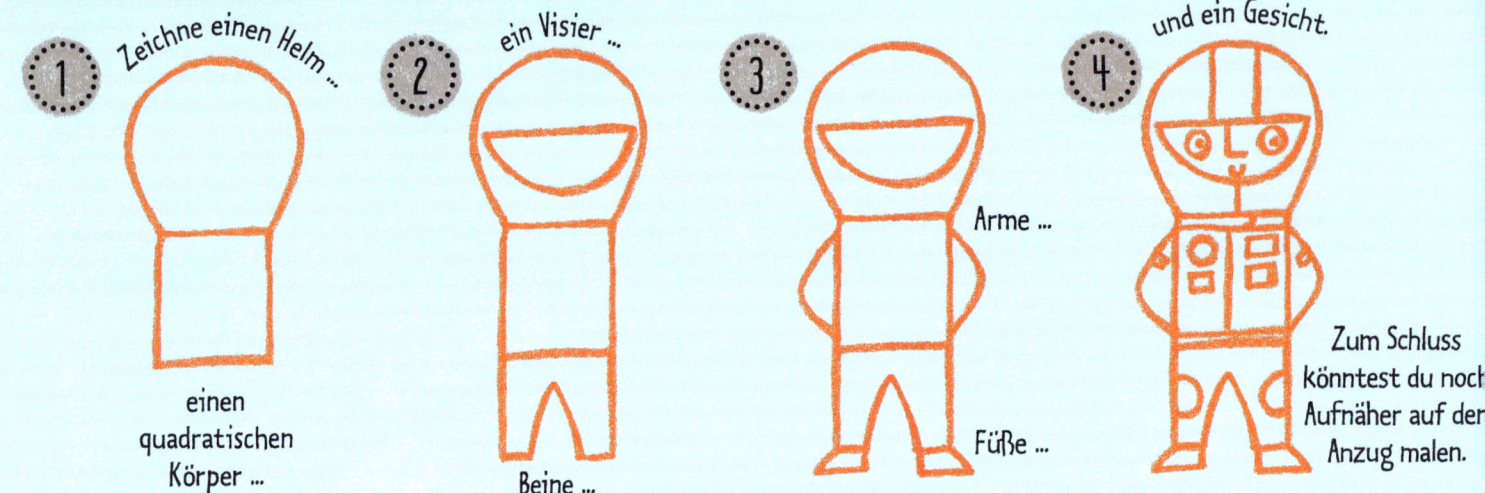

1 Zeichne einen Helm ...

einen quadratischen Körper ...

2 ein Visier ...

Beine ...

3

Arme ...

Füße ...

4 und ein Gesicht.

Zum Schluss könntest du noch Aufnäher auf der Anzug malen.

Jetzt bist du dran ...

Auf der nächsten
Seite erfährst du,
wie du das passende
Auto für deine
Rennfahrerin malst.

So zeichnest du ein Rennauto

1 Zeichne ein schmales Rechteck ...

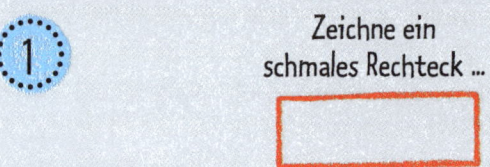

2 das Hinterteil ...   das Vorderteil ...

3 einen Spoiler ...   einen Helm ...   eine Windschutzscheibe ...

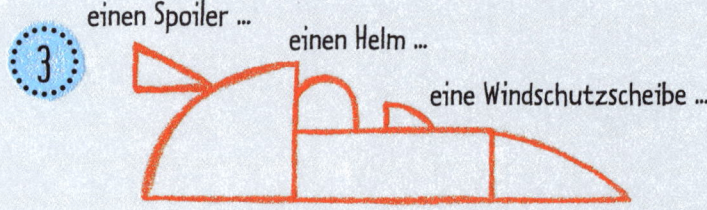

4 eine Linie ...

einen großen Reifen ...   einen kleinen Reifen ...

5 ein Visier in den Helm ...

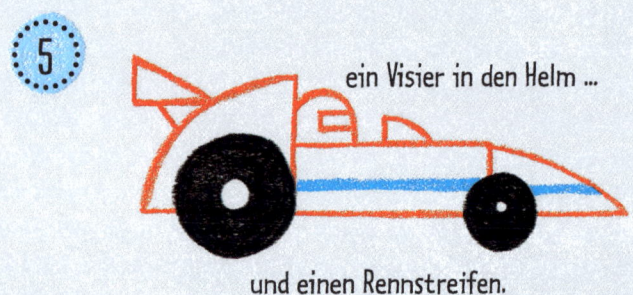

und einen Rennstreifen.

Jetzt bist du dran ...

So zeichnest du einen Löwen

Zeichne einen ...

eckigen Kopf mit Ohren ...

1

eine wuschelige Mähne ...

2

einen Körper ...

3

Jetzt bist du dran ...

eine Nase, einen Mund ...

einen Schwanz ...

das Schwanz-ende ...

Zähne ...

4

5

6

und ergänze die Beine.

Ohne die Mähne ist es eine Löwin.

So zeichnest du einen Elefanten

Zeichne einen quadratischen Kopf ...

aber lass hier eine Lücke ...

zwei große Ohren ...

einen runden Rücken ...

eine Linie für den Körper ...

① ② ③

Jetzt bist du dran ...

Der Rüssel kann auch nach oben zeigen.

ein Gesicht, einen Mund ... und einen Schwanz.

4 vier Beine ...

5 einen Rüssel ...

6 Zeichne Linien seitlich in den Rüssel.

So zeichnest du einen Tiger

1 Zeichne einen quadratischen Kopf ...

und einen Körper ...

2 zwei Ohren ...

einen langen Schwanz ...

3 ein Gesicht ...

zwei Vorderbeine ...

4 und bemale den Tiger mit Streifen.

Jetzt bist du dran ...

So zeichnest du ein Krokodil

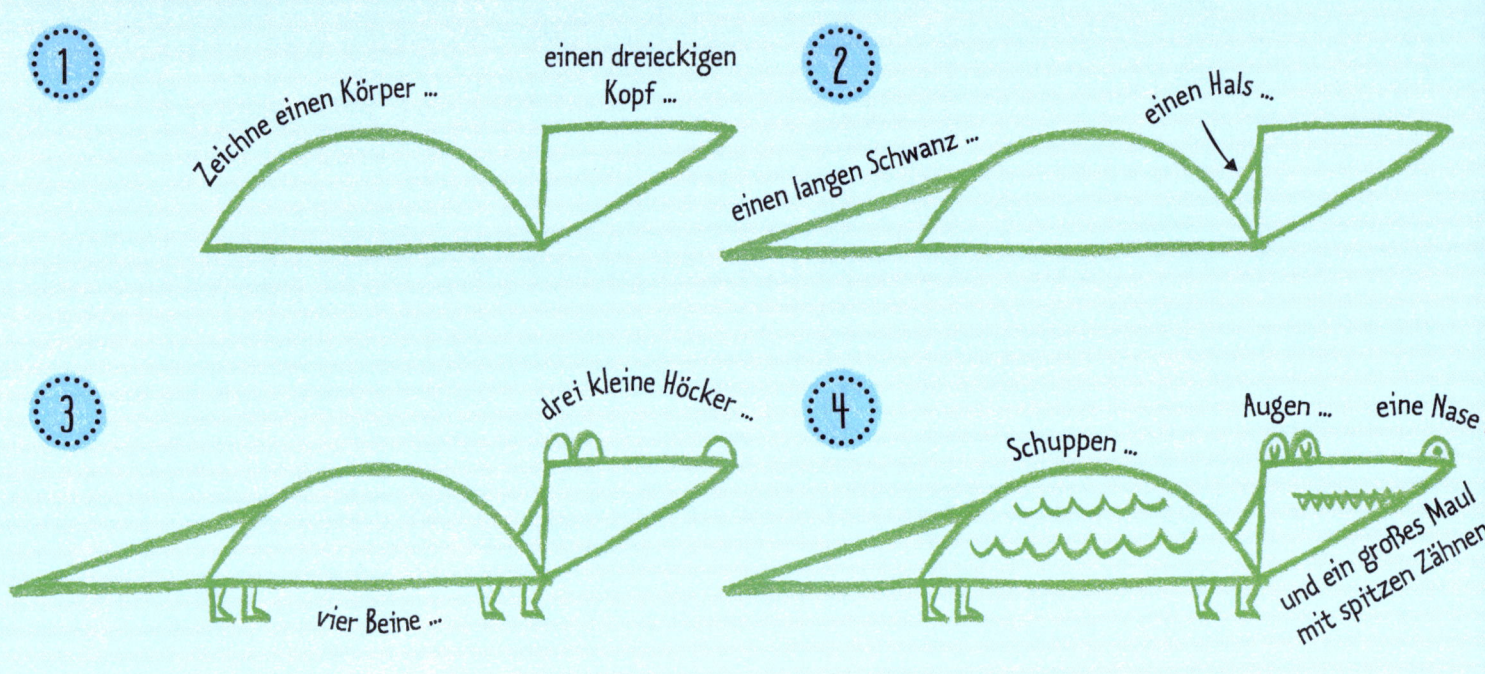

1 Zeichne einen Körper ... einen dreieckigen Kopf ...

2 einen langen Schwanz ... einen Hals ...

3 drei kleine Höcker ... vier Beine ...

4 Schuppen ... Augen ... eine Nase ... und ein großes Maul mit spitzen Zähnen

Jetzt bist du dran ...

So geht es auch ...

Lass für ein Krokodil, das im Wasser schwimmt, einfach die Füße weg. Zeichne stattdessen Wellenlinien für das Wasser.

So zeichnest du einen Affen

1 Zeichne einen runden Kopf ...

2 und dann diese Form hinein ...

3 füge einen Körper hinzu ...

Jetzt bist du dran ...

4 zwei Ohren ...

einen eingerollten Schwanz ...

ein Hinterbein ...

5 zwei Arme mit Händen ...

6 und zum Schluss das Gesicht.

So geht es auch ...

Zeichne den gleichen Affenkopf wie zuvor und ergänze dann ...

zwei lange Arme ...

einen Körper ...

einen eingerollten Schwanz ...

und zwei Beine.

So zeichnest du ein Piratenschiff

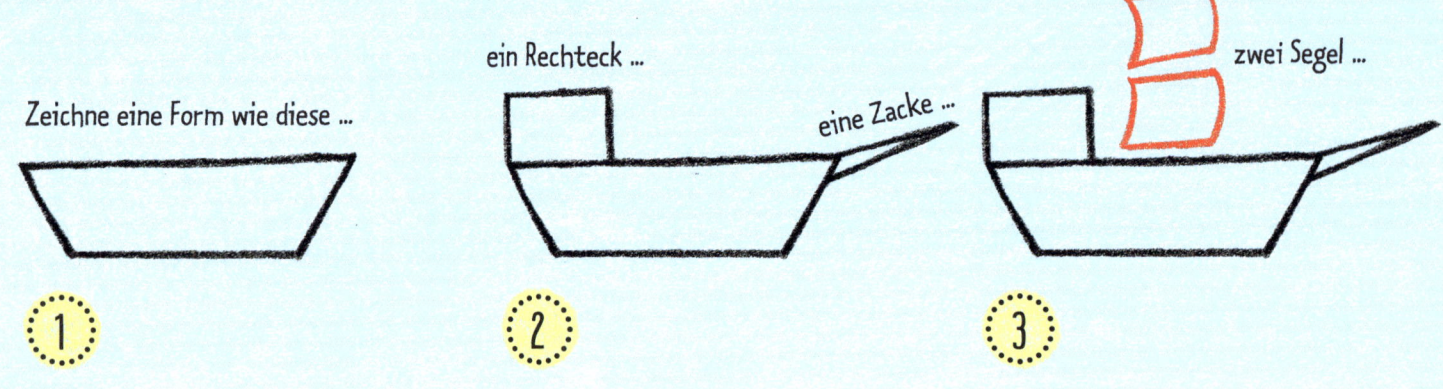

Zeichne eine Form wie diese ...

ein Rechteck ...

eine Zacke ...

zwei Segel ...

1

2

3

Jetzt bist du dran ...

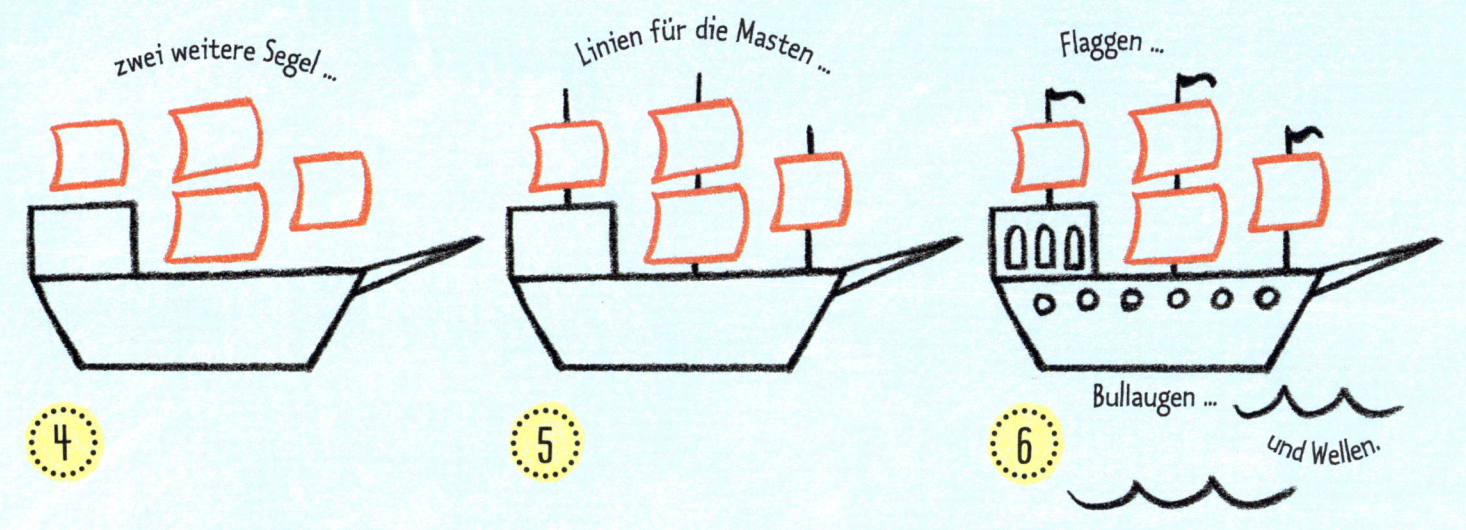

zwei weitere Segel ...

Linien für die Masten ...

Flaggen ...

Bullaugen ...

und Wellen.

④ ⑤ ⑥

So zeichnest du einen Piraten

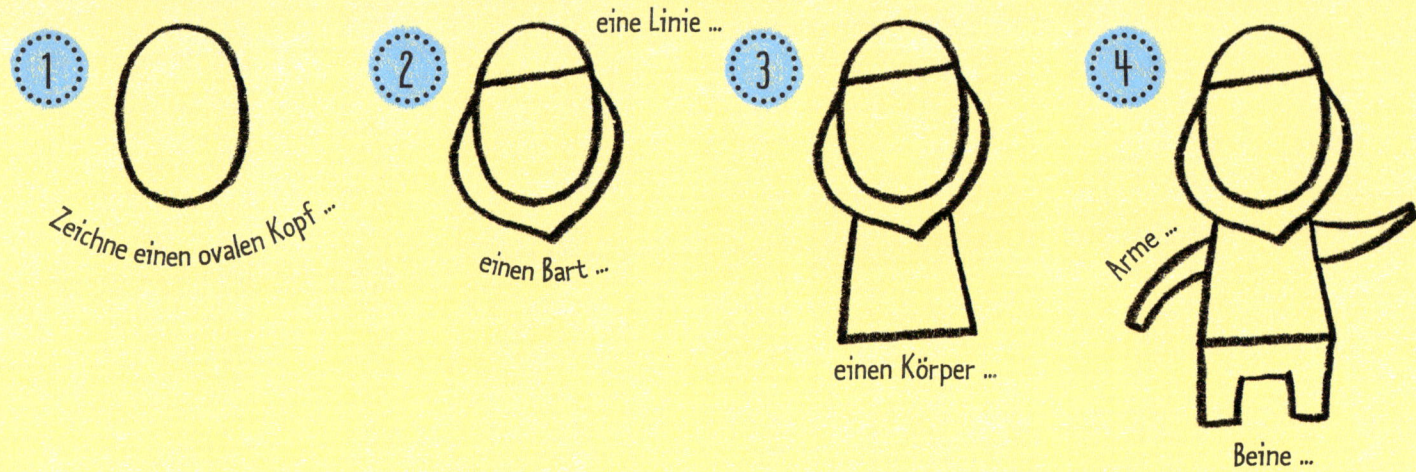

1 Zeichne einen ovalen Kopf ...

2 eine Linie ... einen Bart ...

3 einen Körper ...

4 Arme ... Beine ...

Jetzt bist du dran ...

5 Ohren ...

Hände ...

Füße ...

6 eine Schleife ... ein Entermesser ...

Knöpfe, einen Gürtel und eine Gürtelschnalle ...

7 und ein Gesicht mit einer Augenklappe.

So zeichnest du einen Hai

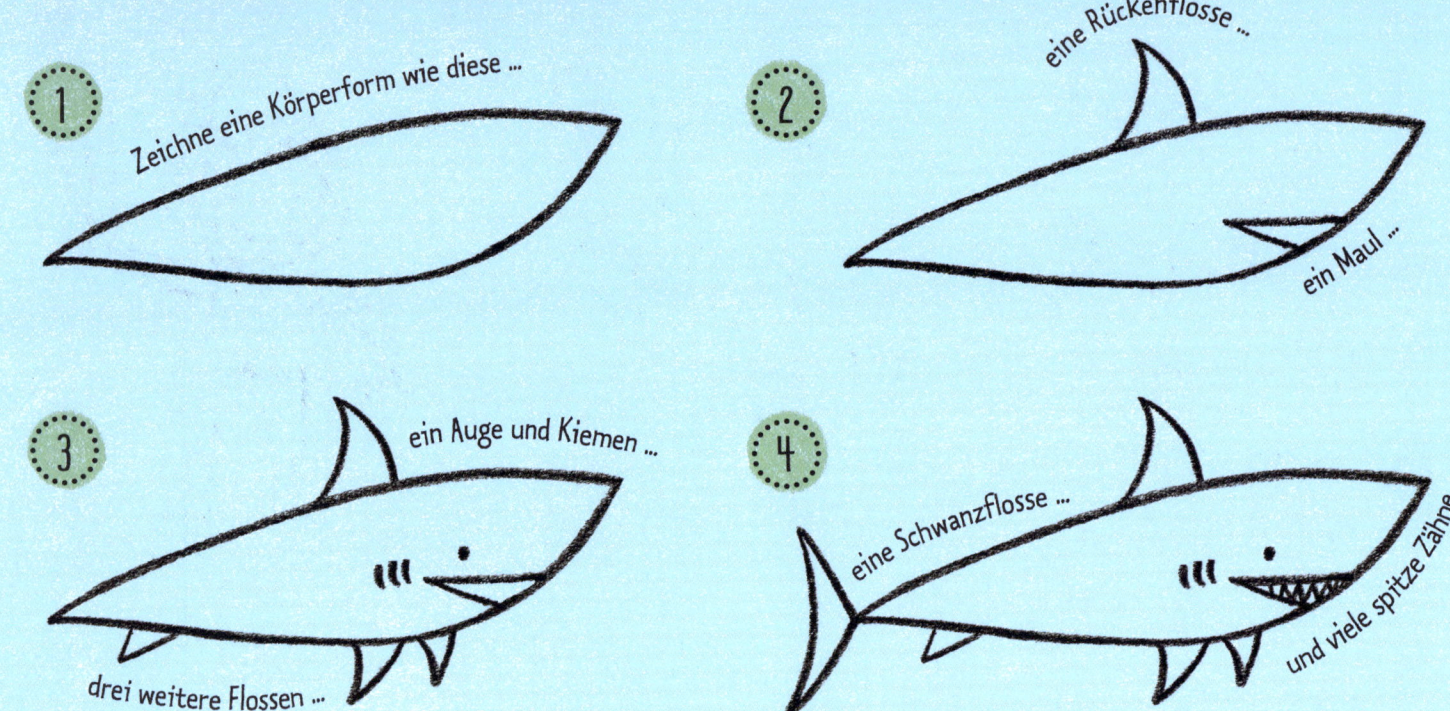

1 Zeichne eine Körperform wie diese ...

2 eine Rückenflosse ... ein Maul ...

3 ein Auge und Kiemen ... drei weitere Flossen ...

4 eine Schwanzflosse ... und viele spitze Zähne.

Jetzt bist du dran ...

So zeichnest du einen Tintenfisch

① Zeichne einen Kopf ...

② acht Wellenlinien ...

③ ein Gesicht und Flecken ...

und verbinde zum Schluss die Wellenlinien zu Fangarmen.

Jetzt bist du dran ...

So zeichnest du einen Panda

Zeichne einen Kopf ...

① ②

einen runden Körper ...

③

und vier Beine.

Jetzt bist du dran ...

Füge zwei Ohren hinzu ...

Panda-Augen ...

4

zwei Linien vom linken Vorderbein bis zum Rücken ...

5

und eine Nase und einen Mund.

6

Male einige Formen wie oben schwarz aus.

So geht es auch ...

Für einen stehenden Panda kannst du das Bild unten abmalen oder den Schritten für die Bärenzeichnung auf der nächsten Seite folgen. Lass in Schritt 5 aber die lange Schnauze weg und gehe stattdessen so vor:

Male die Ohren aus ...

ergänze ein Pandagesicht ...

male die Vorderbeine aus ...

und dann die Hinterbeine.

So zeichnest du einen Bären

1 Zeichne einen Kreis für den Kopf ...

2 einen runden Körper ...

3 zwei Arme ...

Jetzt bist du dran ...

4   zwei Beine ...

5   zwei Ohren ... eine tropfenförmige Schnauze ...

6   Augen, eine Nase, einen Mund ... und einen pelzigen Bauch.

So geht es auch ...

Wenn du einen Bären auf allen vieren malen möchtest, folge einfach den Schritten auf den vorherigen beiden Seiten. Zeichne in Schritt 4 jedoch nicht die Panda-Augen, sondern stattdessen die Details unten im Bild ...

Augen, eine Nase, einen Mund ...

und Strichellinien für das Fell.

eine tropfenförmige Schnauze ...

So zeichnest du einen Außerirdischen

1 Zeichne einen kleinen viereckigen Körper ...

2 einen blattförmigen Kopf ... vier Arme ... zwei Beine ...

3 einen großen Helm ... Füße und Hände ...

4 ein Gesicht und Antennen ... und Formen auf den Körper.

Jetzt bist du dran ...

Oder wie wäre es mit
einem Außerirdischen
in einem Raumschiff?
Er braucht keinen Helm.

So zeichnest du eine Rakete

Jetzt bist du dran ...

1 Zeichne ein langes, schmales Rechteck ...

2 an jedes Ende ein Dreieck ...

3 Heckflossen ...   runde Fenster ...

4 Flammen ...   und Streifen.

Die Rakete kann auch
eine andere Form haben.

So zeichnest du einen Astronauten

1 Zeichne einen Kreis und da hinein eine Eiform ...

2 einen Körper ...

3 Arme ...

Beine ...

Jetzt bist du dran ...

4 Hände und Füße ...

5 zwei Linien ... Linien quer über den Körper ...

6 ein Gesicht ... und Formen auf den Anzug.

So zeichnest du eine Spinne ...

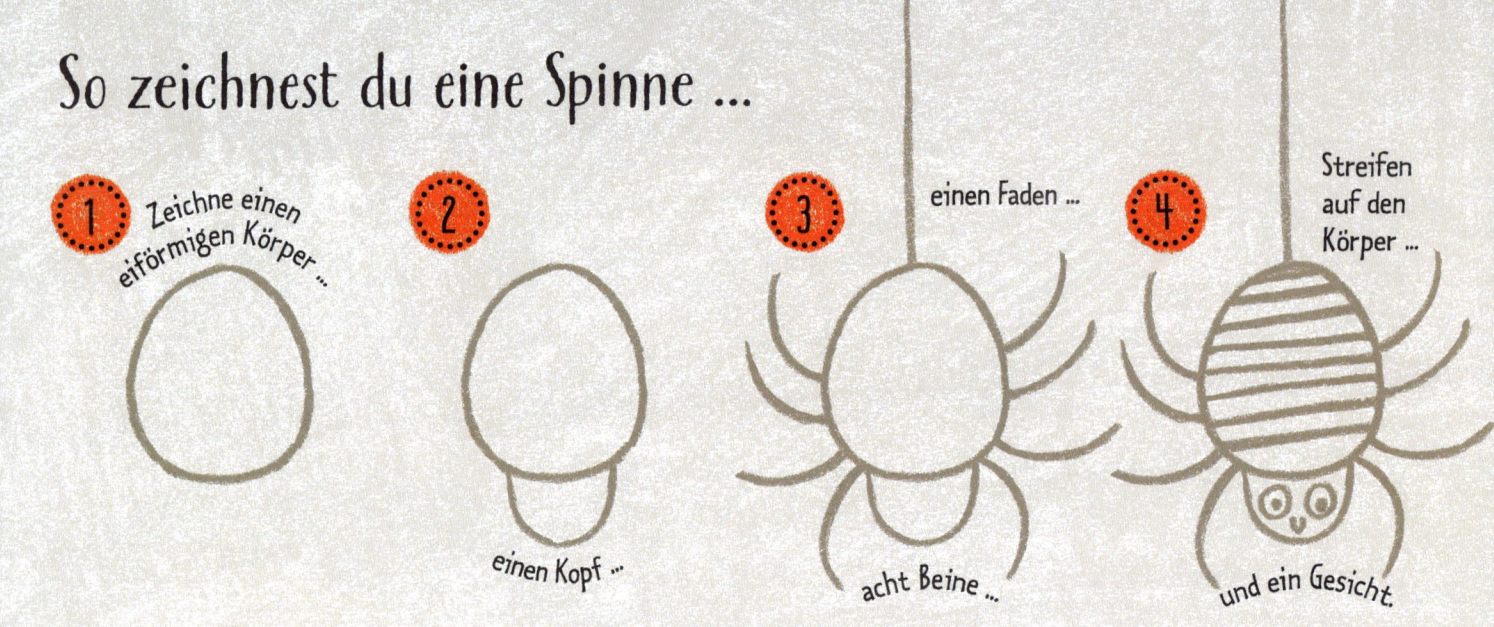

1 Zeichne einen eiförmigen Körper ...

2 einen Kopf ...

3 einen Faden ...
acht Beine ...

4 Streifen auf den Körper ...
und ein Gesicht.

Jetzt bist du dran ...

und so ein Netz

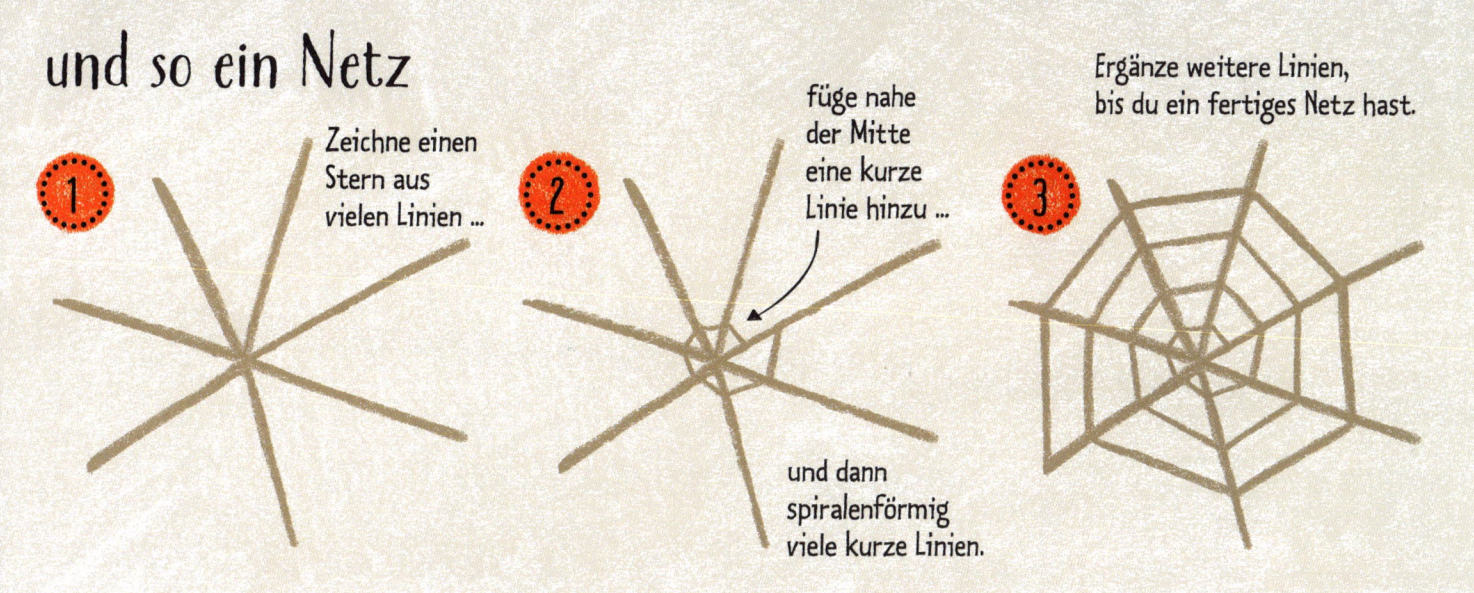

1 Zeichne einen Stern aus vielen Linien ...

2 füge nahe der Mitte eine kurze Linie hinzu ...

und dann spiralenförmig viele kurze Linien.

3 Ergänze weitere Linien, bis du ein fertiges Netz hast.

So zeichnest du eine Echse

Jetzt bist du dran ...

1

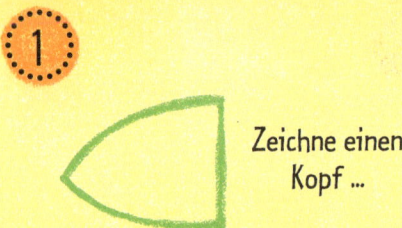

Zeichne einen Kopf ...

2

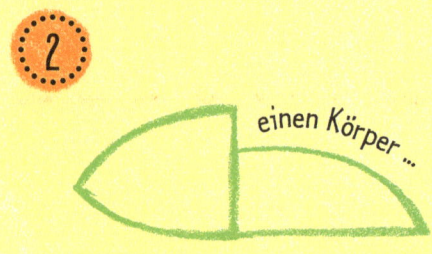

einen Körper ...

3

einen Schwanz ...

vier kurze Beine ...

4

ein Auge, einen Mund ...

viele kleine Dreiecke ...

und vier Füße.

So zeichnest du einen Frosch

1 Zeichne eine große Acht ...

2 zwei Hinterbeine und -füße ...

3 zwei Vorderbeine und -füße ...

4 Augen ... und einen Mund.

Jetzt bist du dran ...

Dein Frosch könnte zum Beispiel
auf einem Seerosenblatt sitzen.

So zeichnest du eine Schlange

Jetzt bist du dran ...

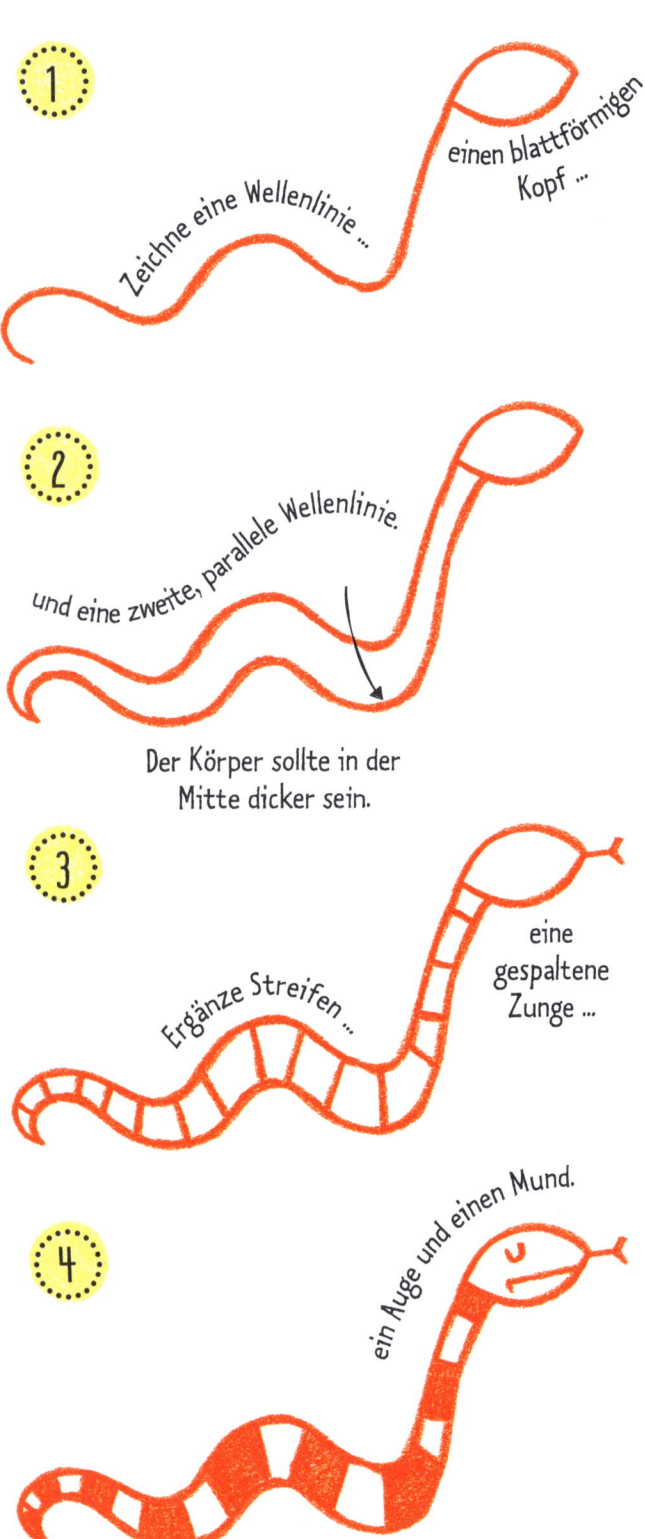

1 Zeichne eine Wellenlinie ... einen blattförmigen Kopf ...

2 und eine zweite, parallele Wellenlinie.

Der Körper sollte in der Mitte dicker sein.

3 Ergänze Streifen ... eine gespaltene Zunge ...

4 ein Auge und einen Mund.

Male jedes zweite Viereck aus.

So zeichnest du Gesichter

lächelnd   überrascht   glücklich   traurig   gemein

müde   aufgeregt   verärgert   schlafend   zufrieden

Jetzt bist du dran ... Zeichne in diese Kopfformen verschiedene Gesichtsausdrücke.
Versuche als Nächstes, auch die Köpfe selbst zu malen.

Füge Haare hinzu ...

rasiert   gelockt   glatt   lang   kurz   Haarknoten

und besondere Merkmale

Brille   buschige Augenbrauen   Bart   Pudelmütze   Cowboyhut   Strohhut

So zeichnest du Tiergesichter

Koalabär   Eichhörnchen   Robbe   Welpe   Huhn   Schwein

Jetzt bist du dran ...   Zeichne Kreise und male dann die verschiedenen Gesichter oben nach.

Esel   Leopard   Kuh   Nymphensittich   Känguru   Giraffe

Jetzt bist du dran ...   Zeichne einige Ovale und versuche anschließend, die Tiergesichter oben nachzuzeichnen.

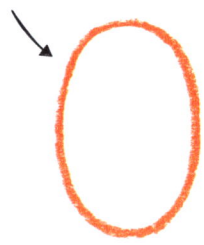

Fuchs   Waschbär   Reh   Hund   Bison

Schlange   Katze   Ziege   Walross   Nashorn

Jetzt bist du dran ...

Zeichne Tiergesichter in die Formen unten und zeichne dann ganz allein weitere hinzu.

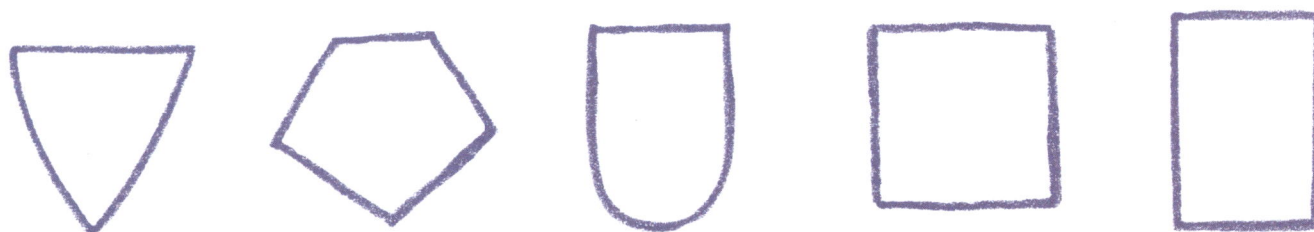

Große Bilder gestalten

Vervollständige die großen Bilder auf den folgenden Seiten. Nutze dabei die Ideen aus diesem Buch. Gestalte dann deine eigenen Bilder mit dem, was du vorher gelernt hast.

Füge noch mehr Bäume hinzu.

Das Pferd möchte nicht allein sein – zeichne noch ein zweites!

Auch der Hase würde sich über einen Spielgefährten freuen.

Verschönere die Wiese mit Blumen.

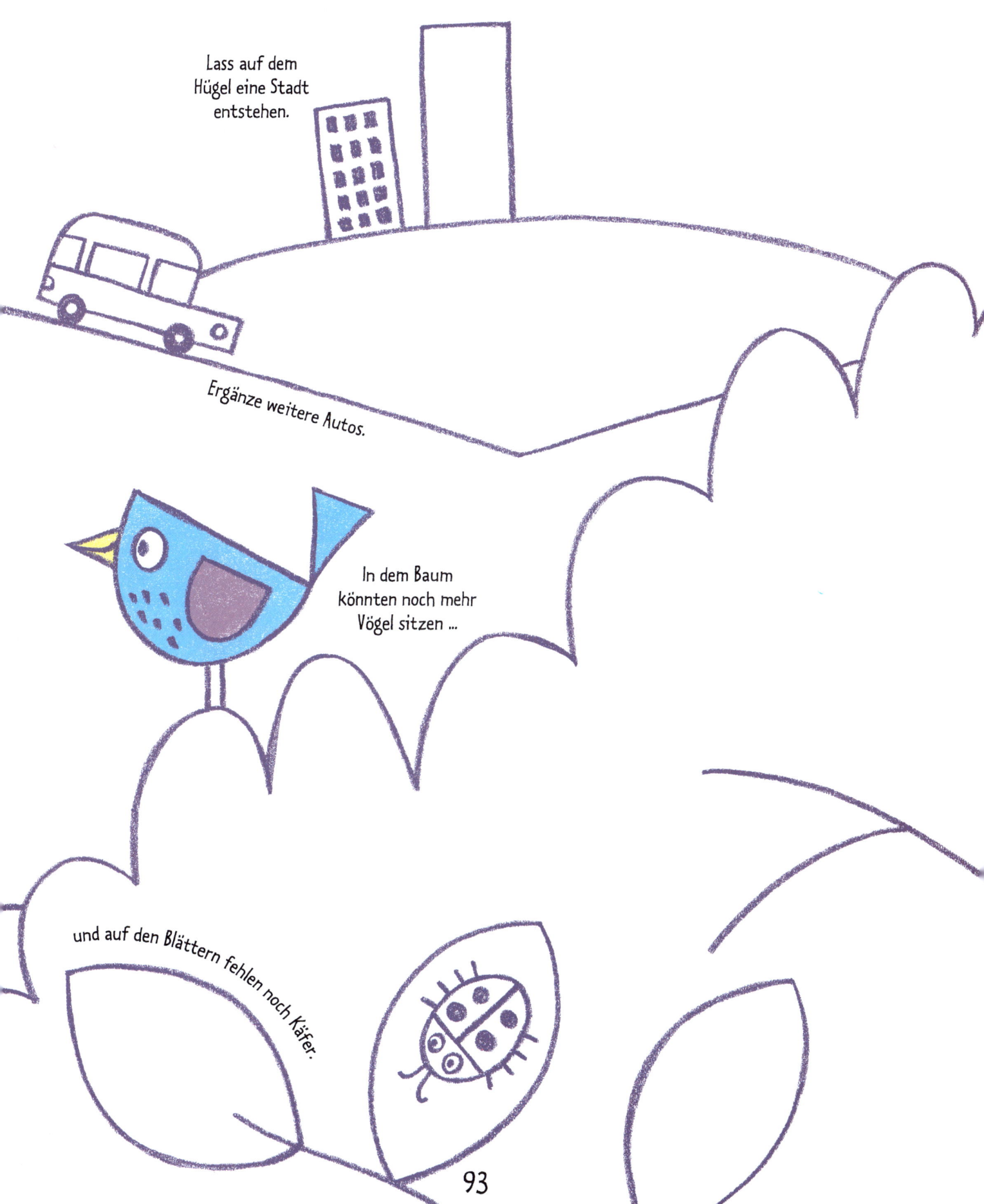

Lass auf dem Hügel eine Stadt entstehen.

Ergänze weitere Autos.

In dem Baum könnten noch mehr Vögel sitzen ...

und auf den Blättern fehlen noch Käfer.

Auf diesem Ast könnte ein Affe sitzen.

Für ein Löwenrudel
fehlen noch eine Löwin
und Löwenjunge.

Diese Spinne braucht
noch ein Netz.

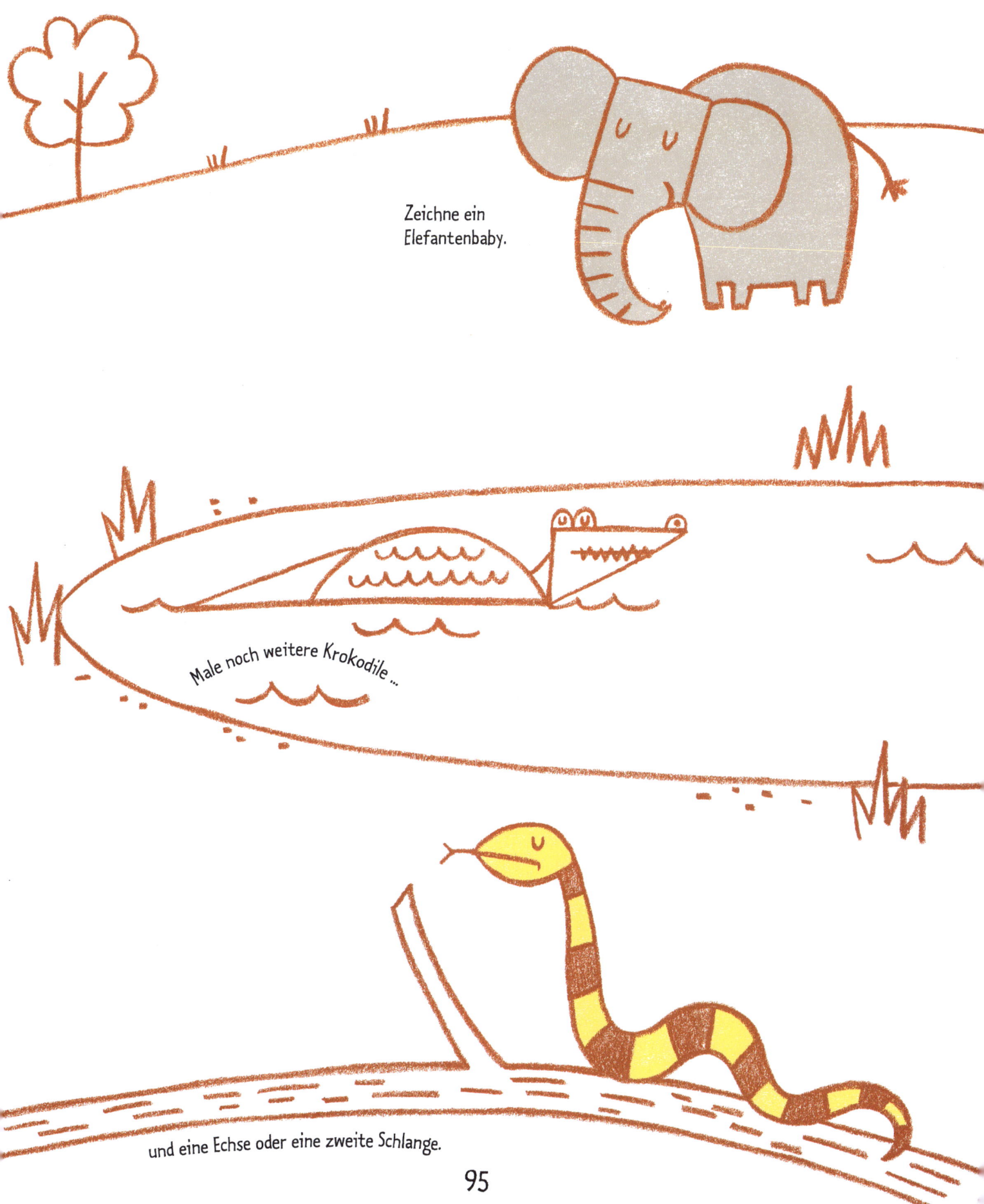

Zeichne ein Elefantenbaby.

Male noch weitere Krokodile ...

und eine Echse oder eine zweite Schlange.

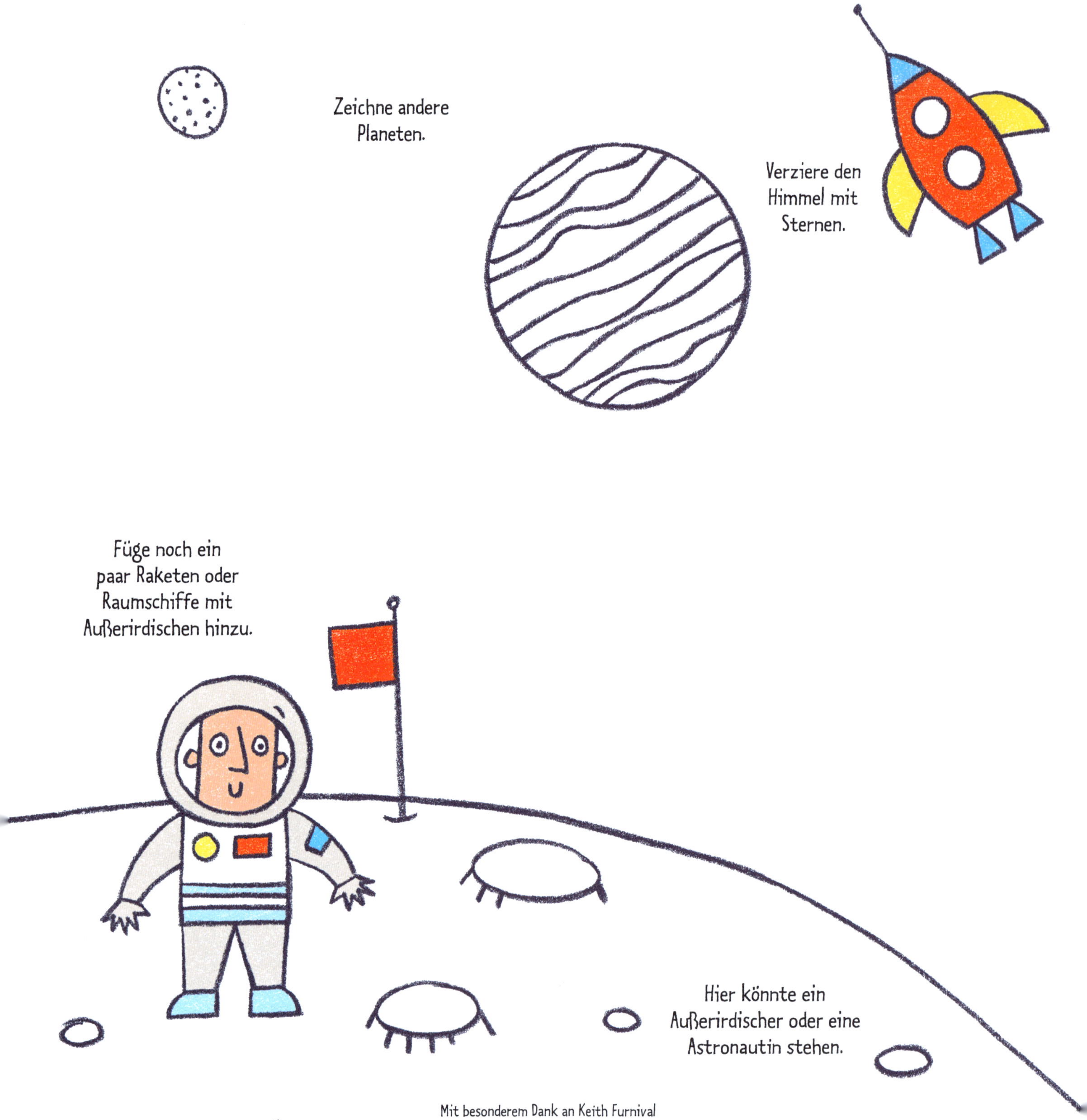

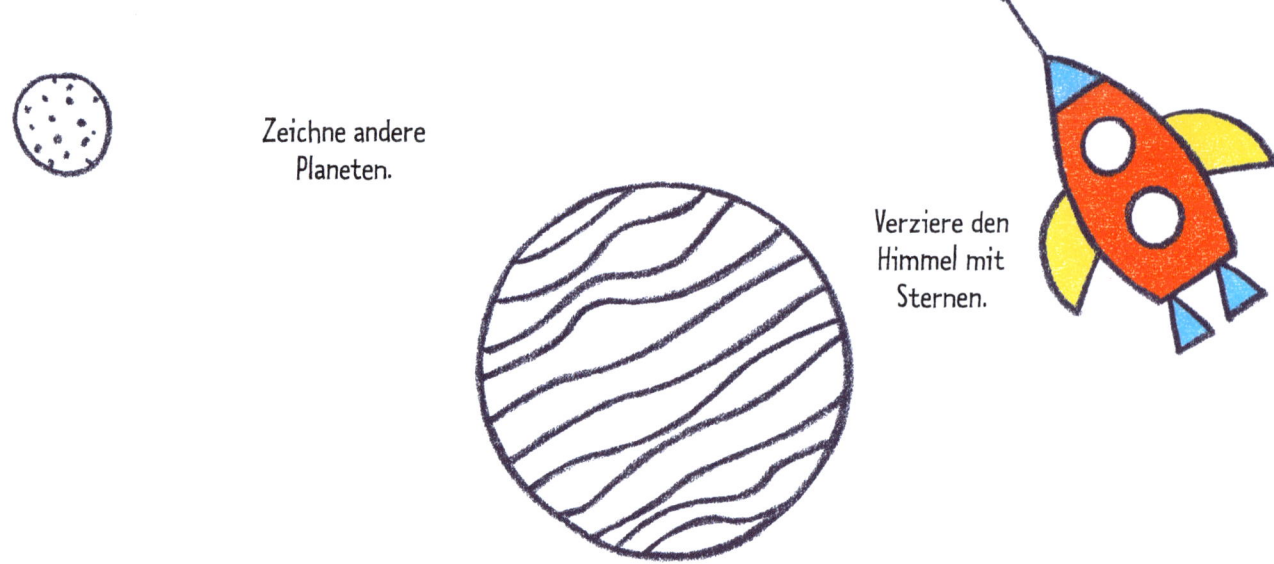

Zeichne andere Planeten.
Verziere den Himmel mit Sternen.
Füge noch ein paar Raketen oder Raumschiffe mit Außerirdischen hinzu.
Hier könnte ein Außerirdischer oder eine Astronautin stehen.

Mit besonderem Dank an Keith Furnival
Übersetzung aus dem Englischen: Stefanie Ettinger • Redaktion der deutschen Ausgabe: Ulrike Barzik

10. Auflage 2025 © 2014 für die deutsche Ausgabe: Usborne Publishing Limited, 83-85 Saffron Hill, London EC1N 8RT, Großbritannien.
Deutsche Niederlassung: Usborne Verlag GmbH, Prüfeninger Str. 20, 93049 Regensburg, Deutschland. Titel der Originalausgabe: Step-by-Step Drawing Book

Printed in China